"今日から育てる" "お部屋で育てる"

キッチン菜園ノート

「キッチン菜園」は
おうちのキッチンや窓辺で野菜を育てます

園芸が初めてでもだいじょうぶ
身近な道具で小さなスペースでできます

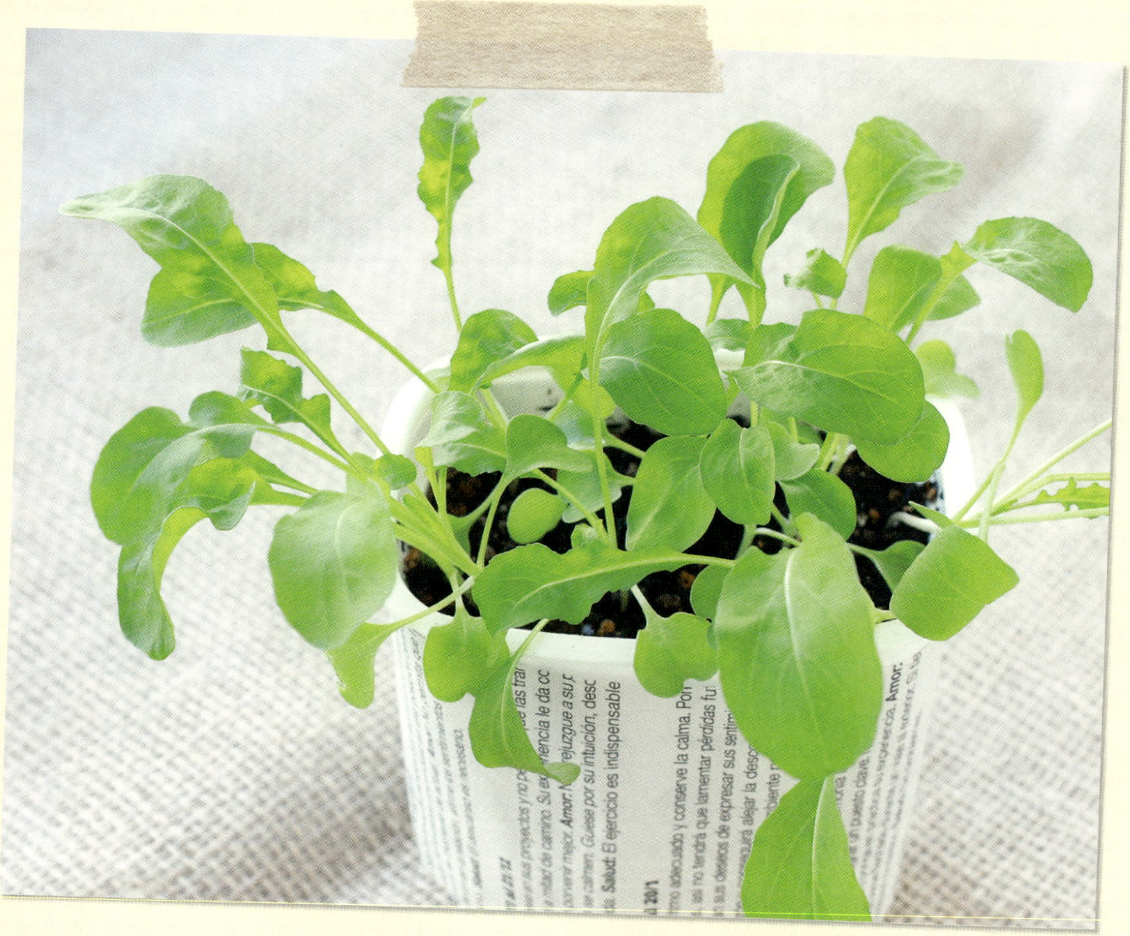

ベターホーム協会は、「食べもの大切運動」を行っています。
長年にわたり、大切な食べものを無駄にしないための
食品の保存方法や、調理の知恵を紹介してきました。
この本も、食べものを大切にする暮らしの提案をさらに広げたものです。
食べものを育てることで、食べものの大切さを知る。
そんな野菜づくりの第一歩を、この本でぜひ踏み出してください。

「安心」「新鮮」
「うれしい」「楽しい」がぎっしり

この本で作る小さな菜園には、自分で育てた安心感と、とれたてのおいしさ、買うよりもお得なうれしさと、キッチンでかんたんに育てる楽しさがぎっしり。収穫後は、もっといろいろ、もっとたくさん育ててみたいと思うことでしょう。

 栄養いっぱいのスプラウトを、
水だけで育て、ごく短期間で収穫します。
キッチンで初めて取り組むのにぴったりの気軽さです。

 残った野菜や捨てる部分から、
根を生やしたり葉を育てたりして収穫します。今、キッチンにある、ミント、キャベツ、クレソンなどから、さっそく始められます。

 土に種をまいて、ベビーリーフやラディッシュを育てます。
身近な小さな容器を鉢にして、すぐ目の届く室内に置くので、
世話をするのもらくらくです。

この本は、2009年6月にベターホーム協会が発行した冊子、「今日から育てる　キッチン菜園読本」をもとにして、より見やすい大判にしたものです。楽しいコラムも加えました。保存版としてご利用ください。

もくじ

6 育て方❶ …種と水で育てる

- 8 ブロッコリースプラウト
- 10 かいわれだいこん
- 14 スプラウトののりあえ／スプラウトのタルタル
- 15 かいわれなめたけごはん／かいわれめんたいマヨトースト

すくすくコラム
- 12 スプラウトいろいろ

ブロッコリースプラウトを育てる

16 育て方❷ …残り野菜から育てる

- 18 タイム
- 20 バジル
- 22 ミント
- 24 クレソン
- 26 根みつば
- 28 葉みつば・せり
- 30 長ねぎ・万能ねぎ
- 32 キャベツ
- 34 サラダ菜
- 36 とうみょう・にんにく
- 39 かぶとタイムのスープ／タイム風味のビネガー＆オイル／バジルバター
- 40 ミントホットミルク／クレソンのピリ辛パスタ
- 41 みつばのクレープ
- 42 にんにくの芽と根の素揚げ＋抹茶塩
- 43 とうみょうと大豆もやしのあえもの／サラダ菜のカナッペ

キャベツの芯から再収穫

すくすくコラム
- 18 基本は風通しのよい明るい場所で
- 20 水だけでずっと育てられないの？
- 22 代表的なミントの種類
- 38 だいこん・にんじん・かぶの葉を育てよう

44 育て方 ❸ … 土に種をまいて育てる

ラディッシュを育てる

- 46 準備　必要なものは、ほんの少し！
- **48 ミックスレタス**
- **50 チンゲンサイ**
- **52 ルッコラ**
- **54 ほうれんそう**
- **56 しゅんぎく**
- **58 ラディッシュ**
- 60 レタスのベビーリーフのかまぼこオードブル／チンゲンサイのベビーリーフとフルーツのサラダ
- 61 ルッコラ ＋ クレソンのクリームチーズサラダ／たまねぎ ＋ ルッコラのサラダ
- 62 ほうれんそうのベビーリーフのカリカリベーコンサラダ
- 63 しゅんぎくの梅干しおすまし／ラディッシュ ＋ 肉みそディップ
- 65 スプラウトたらこそば

すくすくコラム
- 62 ベビーリーフのサラダをおいしく食べるコツ
- 64 スプラウト（若芽）で収穫する

すくすくコラム
- 66 観賞用に育ててみよう！

こんなときは？　Q&A
- 68 弱い光しか入らない場所では育てられないの？／蛍光灯の光では育たないの？
  水やりはどうやってやるのがいいの？
- 69 水やりはいつやればいいの？／発芽率をアップさせるには？
  種が残ったらどうしたらいいの？
- 70 まびきは必要ないの？／鉢底に石は敷かないの？
  土が減ってきたように見えるのはなぜ？
- 71 収穫したあと、土はどうするの？／虫を防ぐにはどうしたらいい？
  留守にするときはどうするの？

育て方 1

種と水で育てる

容器とペーパータオルと水、
あとは種をパラパラまけば、
土さえもいりません。
1〜2週間であっという間に
収穫できます

かいわれだいこん

ブロッコリースプラウト

植物の若芽（スプラウト）には、
野菜が育っていくためのエネルギーが、たっぷりつまって栄養満点です。
室内で、日当たりなしで、水だけで、ぐんぐん育って収穫できます。

育てる環境 ── 20～25℃の室内で、光をさえぎって育てる。
　　　　　　　　　収穫直前に日光に当てる。

収穫までの日数 ── 10～14日

必要なもの

種　　ココット型　　ペーパータオル
　　　などの容器　　など

1

> 重ねたペーパーに容器をぎゅっと押しつけて、型をとるとよい

種まきの準備をします
雑菌が繁殖しないように、容器に熱湯をかけて消毒します。ペーパータオルを5枚ほど重ねて、底の大きさに合わせて切ります。底に敷きます。

2

種をまきます
ペーパータオルの上から水を注ぎます。水の量を調節し、種がなるべく重ならないように、パラパラとまきます。

 水の量　指で押すと、水がしみ出てくるくらい。多すぎると種が流れてしまう。

種と水で育てる

3

密閉にならないよう、穴をあける

光をさえぎります

暗いところに置くか、アルミホイルや新聞紙などをかぶせて、光をさえぎって育てます。

 水やり

1日1回がめやす。種が流れないよう、霧吹きで湿らせる程度に。

4

白い綿毛のような根が出ます。カビではありません。

芽が出た！

1〜2日で発芽します。このまま光をさえぎって芽を育てます。

 水かえ

芽が出て根がはってきたら、毎日水をとりかえる。ただし、水が多すぎると腐りやすくなるので、よぶんな水を捨てて、水の量を調節する。

5

ぐんぐん成長！ 収穫します

10〜14日で収穫できます。収穫の前に、日当たりのよい窓際などに数時間置きます（種類によって、数日置いたほうがよいものもある）。葉が濃い緑になったら、はさみなどで根元をカットして収穫します。ペーパーには根がはっているので、新しく種をまくときは新しいペーパーを使います。

 こうやって食べる → P 13〜15

かいわれだいこん

おなじみのかいわれだいこんも、かんたんに育ちます。
種はたっぷり入って売られているので、次々にまいて収穫しましょう。

育てる環境 ── 20〜25℃の室内で、光をさえぎって育てる。収穫直前に日光に当てる。

収穫までの日数 ── 約10日

必要なもの

種

ココット型などの容器

ペーパータオルなど

1 種まきの準備をします

雑菌が繁殖しないように、容器に熱湯をかけて消毒します。ペーパータオルを5枚ほど重ねて、底の大きさに合わせて切ります。底に敷きます。

> 重ねたペーパーに容器をぎゅっと押しつけて、型をとるとよい

2 種をまきます

ペーパータオルの上から水を注ぎます。水の量を調節し、種がなるべく重ならないように、パラパラとまきます。

 水の量 指で押すと、水がしみ出てくるくらい。多すぎると種が流れてしまう。

種と水で育てる

3 光をさえぎります

暗いところに置くか、アルミホイルや新聞紙などをかぶせて、光をさえぎって育てます。

密閉にならないよう、穴をあける

 水やり
1日1回がめやす。種が流れないよう、霧吹きで湿らせる程度に。

4 芽が出た！

1〜2日で発芽します。このまま光をさえぎって芽を育てます。

 水かえ
根がはってきたら、毎日水をとりかえる。水が多すぎると腐りやすくなるので注意。

5 ぐんぐん成長！

約10日で収穫できます。収穫の前に、日当たりのよい窓際などに数時間置きます。

6 収穫します

葉が濃い緑になります。はさみなどで根元をカットして収穫します。

 こうやって食べる → P13〜15

スプラウトいろいろ

さまざまな種類のスプラウト（若芽）の種があります。
どれも、ほぼ同じように育てることができます。

※「スプラウト栽培用」「無消毒の種」を使ってください（P64）。

ルッコラ

ピリっとした辛味とごまに似た風味が特徴。
サラダに少し入れるだけで、アクセントになります。

レッドキャベツ

ほんのりとした甘味でクセがなく、
よくかみしめるとキャベツの味がします。
肉料理のつけ合わせにぴったり。

マスタード

ピリッとした風味とやわらかな歯ざわりが特徴。
サンドイッチにはさむと、香辛料がわりになります。

そばの芽

背丈が長く育ち、ピンク色の茎が鮮やか。
サラダのトッピングはもちろん、おひたしにしても美味。
高血圧予防にきくというルチンが豊富。

種と水で育てる

🍴 こうやって食べる

「彩りに緑がたりない!」と思ったら、キッチン菜園から
ちょっと収穫。スプラウトは、パンにもよく合います。

※ P65のレシピも参考にしてください

サンドイッチから顔を出して

定番のレタスにかえて、スプラウトで。
しゃきっとした歯ざわりが◎

お弁当に、さっと! ちょっと!

お弁当の定番、ほうれんそうののり巻きや
たまご焼きに、スプラウト。

ベーグルにも

ハム+クリームチーズに、
レッドキャベツのスプラウトをはさみました。

🍴 こうやって食べる　　P65のレシピも参考にしてください。

さっと収穫して、ぱっと新鮮なひと品のできあがり

スプラウト ののりあえ

材料（1人分）
スプラウト（レッドキャベツ、ブロッコリー、
　　　かいわれだいこんなど）… 約30g
ほたて水煮缶詰 … 小½缶（30g）
焼きのり … ¼枚
A　しょうゆ・酒・ごま油 … 各小さじ½

作り方
① スプラウトは、長ければ食べやすい長さに切ります。ほたてはほぐします。のりはちぎります。Aは合わせます。
② スプラウトとほたて、焼きのりを混ぜて器に盛り、Aをかけます。混ぜながら食べます。

パンにのせて食べても。しゃきっとした食感が味わえます

スプラウト のタルタル

材料（2人分）
スプラウト（レッドキャベツ、ブロッコリー、
　　　かいわれだいこんなど）… 約30g
ゆでたまご … 1個
たまねぎ（みじん切り）… 20g
A ┌ マヨネーズ … 大さじ1½
　└ 塩・こしょう … 各少々

作り方
① スプラウトは1cm長さに切ります。
② ボールにゆでたまごを入れ、フォークであらくつぶします。たまねぎ、スプラウトを入れ、Aを加えて混ぜます。

種と水で育てる

🍴 こうやって食べる

熱いごはんに混ぜるだけ。かいわれの色と歯ごたえがアクセント

かいわれ なめたけごはん

材料（2人分）
かいわれだいこん … 適量
温かいごはん … 400g
なめたけ（びん詰め）… 100g

作り方
① かいわれだいこんは2〜3㎝長さに切ります。
② ごはんになめたけを汁ごと混ぜ、かいわれも混ぜます。

ちょっとのせるだけで、緑のいろどりプラス

かいわれ めんたいマヨトースト

材料（1人分）
かいわれだいこん … 少々
食パン（6枚切り）… 1枚
めんたいこ … 10g
マヨネーズ … 小さじ1

作り方
① めんたいこはほぐします。マヨネーズと合わせて混ぜます。
② ①を食パンに塗ります。トースターで1〜2分こんがりと焼きます。
③ かいわれをのせます。

残り野菜から育てる

育て方 2

野菜の捨てていたところ、
余らせがちなハーブなどから、
葉や根を育てて再収穫します。
ちょっとあると重宝する野菜を、
気軽に育ててみましょう

根みつば

タイム

ハーブの中でも育てやすいタイム。
残った枝から根を育てましょう。
冷蔵庫でしなびてしまったものからも、いきいきとした根が生えます。

育てる環境 ── 窓辺などの、風通しのよい明るい場所で。寒さに強い。

発根までの日数 ── 約10日

必要なもの

パックにたっぷり入っているので残りがち

残ったタイムの枝

すくすくコラム

基本は風通しのよい明るい場所で

　育て方2の野菜はどれも「室内の窓辺などの、風通しのよい明るい場所」に置くのが基本です。風通しがよいと、病気にかかりにくくなります。時々ベランダに出して風に当てるのもよいでしょう。
　また、野菜のようすをよく観察して、野菜が「気持ちよさそう」な環境を探しましょう。それぞれのページの「育てる環境」はめやすです。いろいろな環境に強い野菜もあれば、夏の直射日光や、朝夕の温度差が激しい窓際などが、成長に合わない野菜もあります。ようすをよく見て、元気がないなと思ったら、置く場所をかえてみましょう。

残り野菜から育てる（ハーブ）

1

水にさします
1枝はだいたい10〜15cmの長さです。

 遮光したほうが発根しやすいので、マグカップがおすすめ。

 5〜6cm深さ。葉が水につかると腐りやすいので、あらかじめなるべく下の葉を除くとよい。

 時々とりかえる。

2

水にさしておくだけでいつの間にか根が出てくる

根が出た！
水にさしておくと、10日ほどで根が出ます。このままでも新しい葉がのびるので、摘みとりながら、しばらく収穫できます。

3

こうやって食べる → P39

土に植えよう
土に植えて（P46）しばらくして葉が増えてきたら、少しずつ枝を摘みとって収穫します。

 多湿がにが手。土が乾いてから、たっぷりと水をやります。

ハーブの王様といわれるバジル。
残ったバジルを水にさしておくと、根がたくさん生えてきます。
さわやかな香りですくすく育ち、土に植えるとどんどん葉がのびます。

育てる環境 ── 窓辺などの、風通しのよい明るい場所で。寒さに強い。

発根までの日数 ── 約7日

必要なもの

下のほうの葉はあらかじめはさみで除いておく

残ったバジルの枝

すくすくコラム

Q.水だけでずっと育てられないの?
A.根が増えると水が腐りやすくなり、呼吸しにくくなります

　植物の根がもっとも求めているもの。それは、呼吸するための酸素です。水にさして根が出たあと、ある程度までは育ちますが、根がたくさんはってくると、容器の中の限られた水の中では、カビや雑菌が繁殖しやすくなります。その結果、根に必要な酸素がたりず、うまく育たなくなります。

　たとえばクレソンも、ずっと水だけで育てていると、だんだん茎や根が腐ってきます。茎や根が腐ると、ますます水質が悪くなってしまいます。土に植えるのがひと手間な場合は、水だけである程度育てて、食べきってしまうのもいいでしょう。

　土の中には空気の層があるので、根は呼吸ができ、安定して育つ環境ができます。しかし、土に植えたあとでも、水を与えすぎると「根ぐされ」の状態になり、根が呼吸できずに死んでしまうこともあります。水は植物の成長に欠かせないものです。与え方に、ちょっと気をつけてみましょう。

残り野菜から育てる（ハーブ）

1
水にさします

 ここでは空きびんを使いましたが、遮光したほうが発根しやすいので、マグカップなどがおすすめ。

 葉が水につかると黒くなって腐るので、つからない程度に。

 1日1回。

2
根が出た！

白い長い根が、わーっとのびる

約7日で根が出ます。根がたくさん出るまで、しばらくそのまま育てます。

3

土に植えよう

土に植えます（P46）。葉が増えてきたら、大きな葉を少しずつ摘んで収穫します。

 乾燥がにが手。乾いたらたっぷりと。

先端の芽をとらずに育てていると、茎がのびてかわいい花が咲きます

 こうやって食べる → P39

ミント

飾ってよし、味わってよしのミント。
残った枝から根を生やして育てれば、欲しいときに、さっと使えて便利です。
とてもじょうぶなので、初めてでも育てやすい。

育てる環境 ── 窓辺などの、風通しのよい明るい場所で。
寒さに強い。
夏の直射日光は避ける。

発根までの日数 ── 約3日

必要なもの

ペパーミント、スペアミントなど

残ったミントの枝

代表的なミントの種類

スペアミント

ミントの代表種で料理用としてよく使われる。ペパーミントより刺激が少なく、使いやすい。葉は少し長めの卵型で、ギザギザがある。

ペパーミント

ミントの中でも特に香りが強く、お菓子によく利用される。メントールも多く含むので、薬用としても利用される。

アップルミント

名前のとおり「りんご」の香りがする。葉に毛が生えていて厚みがあるので、ドライには不向き。ハーブティーにするとよい香りでおいしい。

残り野菜から育てる(ハーブ)

1

水にさします
できるだけ茎の長いものを選びますが、写真のように短い茎のものでもできます。

 茎の先が1cmほどつかる程度。葉が水につかると腐るので、あらかじめ下の葉は除く。

 水をよく吸うので、こまめにようすを見て、きらさないように注意。

2

すぐに根が出る。水をきらさないように

根が出た！
約3日で根が出ます。しばらくそのまま育て、根がたくさん出たら、土に植えます(P46)。

3

収穫します
葉が増えてきたら、少しずつ摘んで収穫します。

 乾燥がにが手。乾いたらたっぷりと。

 こうやって食べる → P40

クレソン

みずみずしさいっぱいのクレソン。
残ったひと枝からたくさんの根が出て、いきいきと育ちます。
買ってきたものより味はマイルド。
葉はやわらかく小さく、緑が鮮やかです。

育てる環境 —— 直射日光を避けて、窓辺などの風通しのよい明るい場所で。

発根までの日数 —— 約3日

必要なもの

残ったクレソンの枝

1 下のほうの葉を除きます

なるべく太い、8〜10cmの枝を使います。芽先でも、根に近い部分でもOK。水につかる部分の葉を除きます。

なぜ? 葉が水につかると、葉と水が腐りやすくなる。茎を傷つけないよう、はさみで除く。

2 水にさします

水にさして2日ほどは、ぐったり。やがて水を吸って葉がぴんとしてくる

 ここでは空きびんを使いましたが、遮光したほうが発根しやすいので、マグカップなどがおすすめ。

 水かえ きれいな水を好むので、1日1回かえる。

残り野菜から育てる

3

根が出て葉が育ってきた！
約3日で根が出ます。次々に新しい葉がのびます。摘みとりながら、しばらく収穫できます。

4

土に植えてみよう
土に植えます（P46）。葉が増えてきたら、少しずつ摘んで収穫します。

 水やり 2〜3日に1度、たっぷり。もともと水辺に育つ植物なので、乾燥に弱い。

小さな枝を残して収穫すると、次々に育って収穫できます。

根元に新芽が育ってきています。

 こうやって食べる

料理のつけ合わせ、青みに
買ってきたものよりも
葉が小ぶりで、丸みがあります

>> P40のレシピも参考にしてください。

25

根みつば

いつもは捨てている根みつばの根から、再収穫します。
植物のエネルギーに圧倒されるほどよく育ちます。

育てる環境 ── 窓辺などの、風通しのよい明るい場所で。

収穫までの日数 ── 約10日

必要なもの

いつもなら捨てるココ

根みつばの根

 こうやって食べる

お吸い物の吸い口に

買ったものより香りはやや弱いけれど、
お吸い物に葉を少し浮かべると、香りが
一気に広がります。

残り野菜から育てる

1

根を水にさします

 ここではグラスを使いましたが、遮光したほうがよく発根するので、マグカップなどがおすすめ。

 根の全体がつかる程度。

 水をたっぷり吸うので、きらさないように注意。

2

葉が出た！

10日ほどで葉が出ます。このままでも次々に新しい葉がのびるので、摘みとりながら、しばらく収穫できます。

3

土に植えてみよう

土に植えると長く収穫できます（P46）。

 乾燥に弱いので、乾いたらたっぷりと。

27

葉みつば

葉みつばが少しあると、いろどりや香りのアクセントに重宝します。
スポンジごと水につけるだけで、再収穫できます。

育てる環境 ── 窓辺などの、風通しのよい明るい場所で。

収穫までの日数 ── 約10日

必要なもの

いつもなら捨てるココ。
茎を3cmほど残す

葉みつばのスポンジ

「せり」でも同じように育てられます

必要なもの

せりの根

いつもなら捨てる
根と茎を5cmほど残す

1

水につけます

2

10日ほどで葉が出ます

残り野菜から育てる

1

水につけます

 ここではグラスを使いましたが、遮光したほうがよく発根するので、マグカップなどがおすすめ。

 スポンジがつかる程度。

 水をたっぷり吸うので、きらさないように注意。

2

葉が出た!

1つのスポンジから2〜3枚の葉を再収穫できます。

3

土に植えてみよう

スポンジごと土に植えます（P46）。長く収穫できます。

 乾燥に弱いので、乾いたらたっぷりと。

 こうやって食べる → P41

長ねぎ・万能ねぎ

長ねぎも万能ねぎも、
根から数cmのところで切って水にさしておくだけ。
青い部分がぐんぐんのびて収穫できます。

育てる環境 ── 窓辺などの風通しのよい明るい場所で。

収穫までの日数 ── 約7日

必要なもの

長ねぎの根元
5cmくらい

いつもなら捨てるココを少し長めに

万能ねぎの根元
3～4cmくらい

長ねぎ

1

水にさします

 根元5mmくらいがつかる程度。多すぎると腐りやすくなる。

 できるだけ1日1回。

2

緑の部分がのびてくる！

すぐに緑の部分がのびてきます。根元の白い部分を残して収穫すると、再び緑の部分がのびて、何度か葉ねぎとして収穫できます。土に植えるとさらに長く収穫できます（P46）。

残り野菜から育てる

万能ねぎ

1

水にさします

 根元5mmくらいがつかる程度。多すぎると腐りやすくなる。

 できるだけ1日1回。

2

緑の部分がのびてくる！

すぐに緑の部分がのびてきます。根元の白い部分を残して収穫すると、再び緑の部分がのびて、何度か収穫できます。

土に植えると長く収穫できます（P46）。

 こうやって食べる

青みに。薬味に。

めん、汁もの、煮ものなど、ちょっと青みがほしいときに、キッチンばさみでちょっと収穫。

キャベツ

キャベツは、芯を切りとって保存すると、長もちします。
その切りとった芯、捨てていませんか？
芯を育てて葉を収穫できます！

育てる環境 ── 窓辺などの風通しのよい明るい場所で。

収穫までの日数 ── 3週間〜

必要なもの

いつもなら捨てるか、気にもとめないココ

キャベツの芯

1

芯を切りとります

½カットや¼カットのキャベツでもできます。
斜めに包丁を入れ、切りとります。

 保存は 芯を除いたキャベツは、新聞紙などに包み、さらにポリ袋に入れて野菜室で保存。

2

芯を水につけます

数日して、芯の底が茶色くなってきてもだいじょうぶ。ぬるぬるするときは芯の底と器を、水でさっとこすり洗いします。

はじめはこんなに真っ白ですが…

 水の量 多すぎると腐りやすくなる。底の部分5mmほどが、常に水につかる程度。

残り野菜から育てる

3

だんだん緑がかって葉が育ちます

4

こんな姿、想像できますか？

葉っぱが育ってきます

2週間ほどで葉が育ちます。キャベツの外葉のような線の入った、緑の濃い葉です。大きく育った葉から、はさみなどで収穫します。小さな葉を残しておくと、次々に育ちます。

土に植えてみよう

土に植えると、より長く収穫できます（P46）。

 乾いたらたっぷりと。

 こうやって食べる

スープの青みなどに

濃い緑色がアクセントになります。葉の形をいかして、丸ごと浮かべてもかわいい。

サラダ菜

サラダ菜の中心の部分を、キャベツと同じように育てます。
コツは、中心にある小さな若葉を残しておくこと。

育てる環境 ── 直射日光は避けて
窓辺などの風通しのよい明るい場所で。

収穫までの日数 ── 3週間〜

必要なもの

サラダ菜の中心

 こうやって食べる

つけ合わせに

コロッケやソテー、フライなどの盛り付けに、サラダ菜があると重宝します。写真は大きく育ったものですが、小さい葉でも充分。小さいものは、スープの青みにも使えます。

>> P43のレシピも参考にしてください。

残り野菜から育てる

1 水につけます

底の部分が常に水につかるようにします。水が多すぎると腐りやすくなります。

 底の部分がつかる程度。

 水の量が少ないので、なくならないようようすを見ながら。

2 葉が育ちます

2〜3週間で葉が広がってきます。大きく育った葉を収穫します。

3 土に植えてみよう

緑が濃くなり、より長く収穫できます（P46）。

 乾いたらたっぷりと。

とうみょう

とうみょうは、グリーンピースの若芽。カロテンが豊富です。
いつもは捨てている、とうみょうの根の部分を水で育てると、
たっぷり再収穫できます。

育てる環境 ── 窓辺などの風通しのよい明るい場所で。

収穫までの日数 ── 約14日

必要なもの

いつもなら捨てるココ

とうみょうの根

1

根を水につけます

根がつかる程度。豆が水につかると腐るので、つからないように気をつけて。

1日1回。水をよく吸うので、きらさないように注意。

2

今まで捨てていたなんて、もったいない

芽が育った！

14日ほどで再収穫できます。収穫後、同じようにしてあと1回収穫できます。

こうやって食べる → P43

残り野菜から育てる

にんにく

芽が出てしまったにんにく。そのままでも使えますが、風味が落ちています。
ぜひ、出てしまった芽を育てましょう。
長く育った芽も、根も、まるごとおいしく食べられます。

育てる環境 ── 窓辺などの、風通しのよい明るい場所で。
暑さ・寒さに強い。

収穫までの日数 ── 約7日

必要なもの

出てしまった芽をいかす！

芽が出たにんにく

1 皮をむいて、土に埋めます

芽が出ていないにんにくでもできますが、発芽まで時間がかかります

にんにくの皮をむき（傷がつかないように注意）、芽が出ているほうが上になるようにして、土に埋めます（P46）。

器 ここでは、直径約9cmの、おそうざいのパックの底に穴をあけ、2つ植えました。

水やり 植えたらすぐにたっぷりやり、その後は、土が乾いてからさらに2日くらいしてから、たっぷりと。

2 芽が育った！

数日でぐんぐん芽がのびます（最初の芽の出方によって育ち方が違います）。
15cmくらいになったら、土から根ごと引き抜いて収穫します。

根も芽も、にんにくのにおいが！

こうやって食べる → P42

すくすく
コラム

だいこん・にんじん・かぶの葉を育てよう

だいこんやかぶを、葉まで食べるのはもちろんですが、
もう1歩進んで、葉を育てて再収穫しましょう。
すくすく育って、植物のエネルギーに圧倒されます。

手前から、かぶ・にんじん・だいこん

根元を1.5cmくらい残して切ります。切った面がひたる程度の水を皿にはります。

だいこんやかぶは、まわりの古い葉が落ちて、まん中から新しい葉が育ちます。収穫が遅れると花が咲きますが、この花も菜の花として食べられます。にんじんは、線香花火のようなかわいい葉が育ちます。根元の部分がしぼむまで、何度か収穫できます。

こんなふうに使いみち いろいろ

彩りのアクセントに
買ってきた蒸しパンに、にんじんの葉をのせるだけで、ひとくふう！あるとないとでは大違い。

スープの青みに
にんじんの葉は、小さいながらも独特の香りがあります。スープに浮かべると、彩りだけでなく、香りづけにもなります。

かぶの葉ととうふのすまし汁
具にとうふ、えのきだけ、かぶの葉を入れたすまし汁。だいこんの葉でも。

残り野菜から育てる

🍴 こうやって食べる

かぶと タイム のスープ

材料と作り方（2人分）
① かぶ2個は1cm厚さのくし形に切ります。たまねぎ¼個は薄切りにします。ベーコン1枚は1cm幅に切ります。
② 鍋にバター5gを溶かし、①をいためます。
③ 水300㎖、固形スープの素½個、タイム1枝を加え、弱火でかぶがやわらかくなるまで煮ます。塩・こしょうで味をととのえます。

ほんの少しで風味がプラスされます

タイムの香りがドレッシングやパスタソースにぴったり

トーストやサンドイッチ、肉や魚のソテーに

タイム 風味のビネガー＆オイル

材料と作り方
酢（りんご酢などでも）と油（オリーブ油、グレープシード油などでも）をそれぞれ容器に入れ、タイムを入れます。2〜3週間で香りが移ったら、タイムをとり出します。

バジル バター

材料と作り方
① バター50gは、室温でやわらかくしておきます。
② バジルの葉2枚は包丁で細かくきざみます。
③ ①に②を加え、よく混ぜます。冷蔵庫で3日ほど保存できます。

| こうやって食べる

ミント　ホットミルク

材料と作り方（1人分）
① 好みの量のミントの葉をカップに入れ、温めた牛乳180mlを注ぎます。
② 好みで砂糖を加え、飾りのミント少々をのせます。

さわやかなドリンク

クレソン　のピリ辛パスタ

材料（2人分）
クレソン … 適量
スパゲティ（1.6mm）… 160g
　湯 … 2ℓ
　塩 … 大さじ1
にんにく … 1片
赤とうがらし … 1本
オリーブ油 … 大さじ1½
A ┌ ゆで汁 … 大さじ2
　│ 塩 … 小さじ⅛
　└ こしょう … 少々

作り方
① 分量の湯に塩を加え、スパゲティを袋の表示時間をめやすにゆで始めます。
② クレソンは食べやすく切ります。スパゲッティはゆで汁を大さじ2をとりおき、ざるにあげます。
③ にんにくは薄切り、赤とうがらしは半分に切って、種をとります。フライパンにオリーブ油とにんにくを入れて弱火でいためます。うっすら焼き色がついたら、赤とうがらしを加えます。
④ ③にスパゲティ、Aを加え、強火で手早くいためて火を止め、クレソンを加えます。

ペペロンチーノにクレソンを散らすだけで、ワンランクアップ

残り野菜から育てる

🍴 こうやって食べる

みつば のクレープ

材料（2〜3人分）
みつばの葉 … 10〜12枚
＜クレープ＞
小麦粉 … 80g
卵 … 1個
水 … 100㎖
塩 … 少々
＜具＞
きゅうり、にんじん、蒸しどりなど好みのもの
（それぞれ細切りにする）
＜たれ＞
A ┌ テンメンジャン … 大さじ1
　└ ねりごま・酒 … 各小さじ1
B ┌ 酢 … 小さじ1
　│ しょうゆ … 小さじ1½
　│ ねぎ（みじん切り）… 3㎝
　└ すりごま … 小さじ1

みつばの葉の形をいかして、ひとくふう。
おもてなしにも使えます

作り方
① クレープの材料を合わせ、万能こし器などでこします。ラップをして約30分おきます。
② フライパンに油少々（材料外）を薄く敷き、温めます。
③ ①の生地を直径12㎝程度に薄く丸く広げ、みつばの葉をのせます。表面が乾いてきたら裏返し、さっと焼いて、ざるに広げてさまします。残りの生地も同様に焼きます。
④ AとBの材料をそれぞれ合わせて、2種のたれを作ります。
⑤ クレープに好みの具をのせ、たれをつけて食べます。

| こうやって食べる |

にんにく の芽と根の素揚げ＋抹茶塩

材料（2人分）
芽を育てたにんにく（芽と根も）… 4個
揚げ油 … 適量
A ┌ 塩 … 小さじ ½
  └ 抹茶 … 小さじ ½

作り方
① にんにくは、根と芽を切り、それぞれよく洗います。水気をよくふきとります。
② 鍋に油を熱し、低温（150〜160℃）で①をゆっくり揚げます。根はこげやすいので注意します。芽は鮮やかな緑色になったらとり出します。にんにくは、薄く色づいたらとり出します。油をきります。
③ Aを合わせて、抹茶塩を作ります。②につけて食べます。

にんにくの根も香ばしく揚げて

残り野菜から育てる

こうやって食べる

とうみょう と大豆もやしのあえもの

材料（2人分）
とうみょう…60g
大豆もやし…100g
中華ドレッシング（市販）…適量

作り方
① もやしは、塩小さじ½（材料外）を加えた湯400mlで約5分ゆでます。水気をきり、熱いうちにドレッシングであえます。
② とうみょうを熱湯でさっとゆで、水にとります。水気をきり、4〜5cm長さに切ります。①とあえます。

似たものどうしの組み合わせ

サラダ菜 のカナッペ

材料（2人分）
サラダ菜…8枚　　　　　チーズのトッピング*
黒オリーブ（種なし）…2個　のりの佃煮…適量
からしめんたいこ…適量　　マーマレード…適量
クリームチーズ…適量　　*なければ、クリームチーズだけでもよい。

作り方
① オリーブは薄切りにします。
② クリームチーズは、サラダ菜の大きさに合わせて切ります。
③ それぞれをサラダ菜にのせます。

小さいサラダ菜は、ひと口で食べられるかわいいカナッペに。冷蔵庫にあるものでいろいろ試してみましょう

土に種をまいて育てる

身近にある小さな容器に種をまき、
室内で新鮮野菜を育てましょう。
葉もの類は、やわらかいベビーリーフ（若葉）で
収穫するので、とても気軽です

育て方 3

レタス

準備

必要なものは、ほんの少し！

〔容器〕

- どの野菜も、両手のひらにのるくらいの、小さな容器で育てます。
- それぞれのページで、容器の例を示しています。土の量が少なすぎると育ちにくくなるので、例を参考にして容器を選んでください。
- 竹ぐしなどで、容器の底や横に、水が抜ける穴を何か所かあけておきます。

通気もよくなります

〔種と土〕

- 園芸店やホームセンターなどで買えます。
- 種によっては、春まき用、秋まき用などがあるので、だいたいの時期に合った種を選びます。
- 土は、「元肥入り培養土」がおすすめです。「種まき用土」を使う場合は、育てる途中で肥料を与えましょう。

〔水受け〕

容器の底にあけた穴から水が出るので、使わない皿や、容器のふた、穴をあけていない少し大きめの容器などを水受けにしましょう。容器の底がぺたっと水受けについていると、底の穴をふさいでしまい、水はけが悪くなります。割り箸などを置き、高さを出した上に容器を置きます。通気もよくなります。

〔霧吹き〕

室内での水やりには霧吹きが便利。種が流れたり芽が倒れたりしません。

〔スプーン〕

土をすくったり、たしたりするときに使います。

P68の「こんなときは？ Q&A」も参考にしてください。

室内で気軽に育てられます

室内の風通しと日当たりのよい場所で育てます。特に、午前中によく日が当る場所を探しましょう。風通しがよいと、病気にかかりにくくなります。それぞれのページの「育てる環境」を参考にして、気温が低すぎる場合は窓際から離して置いたり、夏にはカーテンを調節して直射日光を避けたりしましょう。野菜のようすをよく見て、元気がないなと思ったら、置く場所を見直したり、水がたりているかどうか確認してください。

容器が小さいからうれしい！

これはきのこのパック

［すぐに始められる！］
ヨーグルトの容器やおそうざいのパック、いちごやきのこが入っていたパック、みそ汁のカップ、ミニトマトの容器など、身近なものですぐにスタート。

［移動がらく！］
重い鉢を移動させるのは大変ですが、これなら、さっと持って、ぱっと移動できます。野菜が育つのに適した温度や日当たりに合わせて育てやすい。

［目の届く範囲で］
水やりもらくらく。室内で育てるので、成長のようすを日々楽しめます。小さなスペースにたっぷりの愛情を注いで、初めての収穫の喜びを味わいましょう。

容器が小さいからこうして育てる！

［土が乾きやすい］
土の量が少ないので、水分が蒸発しやすくなります。発芽までは新聞紙などで覆いをして、湿度を保ちましょう。

［いろいろな形を楽しむ］
発芽まで・収穫までの日数はめやすです。育てる環境によって、いろいろな形のできあがりになることも。どんな形になっても、育てた人の愛情がたっぷりつまった野菜たち。楽しくおいしく召し上がれ。

ミックスレタス

複数のレタスの種が入っているので、
葉の色のちがいや形も楽しめます。
新鮮でやわらかい葉を育ててみましょう。

育てる環境	発芽は20℃。生育温度は15〜20℃。弱い光を好む。夏の直射日光は避け、室内の明るく風通しのよい窓辺などで。
発芽までの日数	約3日
収穫開始まで	約40日

種 
何種類かのレタスの種のミックス。
1種類のレタスの種でももちろんOK

容器 
ミニトマトの容器
12㎝×12㎝ 深さ約4㎝

1 土をならします

穴をあけた容器（P46）に土を入れます。手で軽く押さえ、平らにならします。

土の量：種をまいたあと、さらに少量の土を加えるので、ふちから1.5㎝くらい下まで入れる。

2 種をばらまきます

なるべく重ならないようにして、土に種をばらまきます。レタスの種は、発芽に光が必要です。種が隠れる程度の土を、手でパラパラと薄くかけます。

欲張って種をまきすぎないように

土に種をまいて育てる

3 水をやります

土を軽く押さえてなじませ、霧吹きで水をたっぷり与えます。乾燥しないように、容器のふた（密閉しないように穴をあける。レタスは発芽に光が必要なので透明なものがよい）などで覆います。

トマトの容器ならふたがあって便利

💧水やり 発芽までは、土を乾かさないように。

4 芽が出た！

約3日で発芽します。発芽したら覆いをとり、明るい場所に置きます。弱々しい芽は抜くか、はさみでカット。この芽もスプラウト（若芽）として食べられます（P65）。

芽を抜いたあとは、土を指で押さえておくのを忘れずに

💧水やり 乾燥に弱いので、常に土が湿っている状態に。

5 本葉が育ちます

双葉のまん中から本葉が出てきます。どんどん育ちます。

6 大きな葉から収穫します

葉が6〜7cmになったものから収穫しましょう。外側の大きな葉から摘み、中心の小さな葉を残しておくと、次々に葉が育って長く収穫できます。

収穫は、はさみで大きな葉を切ったり、株ごと切ったり抜いても

🍴 こうやって食べる → P60

チンゲンサイ

みずみずしい緑の葉をいっぱいに広げてすくすく育ちます。
しゃきしゃきとした茎の歯ざわりと
ふんわりとした葉のやわらかさを、ぜひサラダで楽しんで。

育てる環境 ── 発芽は20〜25℃。生育温度は15〜20℃。
夏の直射日光は避け、
室内の明るく風通しのよい窓辺などで。

発芽までの日数 ── 約7日

収穫開始まで ── 約40日

種 
とても小さな
まん丸の種です

容器 
おそうざいの容器
12cm×12cm 深さ約8cm

1 土をならします

穴をあけた容器（P46）に土を入れます。手で軽く押さえ、平らにならします。

土の量 ふちから1cmくらい下まで。あまり上まで入れると水やりのときに水があふれてしまう。

2 穴を作って、種をまきます

欲張って種をまきすぎないように

ペットボトルのふたなどを土に押しつけ、約5mm深さの穴を作ります。1つの穴に、種が重ならないように5粒ずつまきます（P52のように溝にまく方法でもできます）。

土に種をまいて育てる

3 土をかけ、水をやります

穴のまわりの土をつまんで種にかけます。土を軽く押さえてなじませ、霧吹きで水をたっぷり与えます。乾燥しないように、容器のふた（密閉しないように穴をあける）や新聞紙などで覆います。

🫧 **水やり** 発芽までは、土を乾かさないように。

4 葉が出た！

約7日で発芽します。覆いをとり、明るい場所に置きます。弱々しい芽は抜くか、はさみでカット。この芽もスプラウト（若芽）として食べられます（P65）。

> 芽を抜いたあとは、土を指で押さえておくのを忘れずに

🫧 **水やり** 発芽後は、乾いたらたっぷりと。

5 本葉が育ちます

> 光に向かってバンザイをするように育ちます

ハート型の双葉がぐんぐん大きくなります。やがて双葉のまん中から、本葉が出てきます。どんどん育ちます。

6 大きな葉から収穫します

> 形がかわいらしいので、株ごと収穫するのもおすすめ

葉が5〜6cmになったものから収穫しましょう。外側の大きな葉から摘み、中心の小さな葉を残しておくと、次々に葉が育って長く収穫できます。

🍴 こうやって食べる → P60

ルッコラ

あるとうれしいハーブのひとつ。
パンにはさんで、サラダに入れて。
ちょっとつまんだだけでも、ごまのようないい香りがぱっと広がります。

育てる環境	発芽は18〜23℃。生育温度は15〜20℃。夏の直射日光は避け、室内の明るく風通しのよい窓辺などで。
発芽までの日数	約5日
収穫開始まで	約30日

種 
ややだ円形の小さな種です

容器 
ヨーグルトの容器
10cm×6cm 深さ約10cm

1 土をならします
穴をあけた容器(P46)に土を入れます。手で軽く押さえ、平らにならします。

土の量 ふちから1cmくらい下まで。あまり上まで入れると水やりのときに水があふれてしまう。

2 溝を作って、種をまきます
約1cm深さの溝を作ります(写真のように割り箸を使うとやりやすい)。種が重ならないよう、1cm間隔で1粒ずつまきます。溝と溝の間も1cmあけます。

なぜ? 種が重なると発芽しにくくなります。

土に種をまいて育てる

3 土をかけ、水をやります

溝のまわりの土をつまんで種にかけます。土を軽く押さえてなじませ、霧吹きで水をたっぷり与えます。乾燥しないように、容器のふた（密閉しないように穴をあける）や新聞紙などで覆います。

💧 水やり　発芽までは、土を乾かさないように。

4 芽が出た！

約5日で発芽します。覆いをとり、明るい場所に置きます。弱々しい芽は抜くか、はさみでカット。この芽もスプラウト（若芽）として食べられます（P65）。

> スプラウトでも、ピリッとしたルッコラの味がしっかりします

💧 水やり　発芽後は、乾いたらたっぷりと。

5 本葉が育ちます

双葉のまん中から本葉が出てきます。どんどん育ちます。

> 本葉が出てくると、ルッコラらしい姿になります

🍴 こうやって食べる → P61

6 大きな葉から収穫します

葉が5〜6cmになったものから収穫しましょう。外側の大きな葉から摘み、中心の小さな葉を残しておくと、次々に葉が育って長く収穫できます。

ほとんどの大きな葉を収穫し、小さな葉を残して、引き続き育てたもの。再び葉が育ってきました。

ほうれんそう

すんなりした双葉から、濃い緑のふっくらとした葉が育ちます。
ベビーリーフ（若葉）で収穫するのでくせがなく、
ちょっと青いものをプラスしたいときにも活躍します。

育てる環境	発芽・生育温度は15〜20℃。弱い光でも育つ。夏の直射日光は避け、室内の明るく風通しのよい窓辺などで。
発芽までの日数	約7日
収穫開始まで	約40日

種 わりと大きめの種でまきやすい

容器 パウンドケーキ用のアルミケース 18㎝×8㎝ 深さ約5㎝

1 土をならします

穴をあけた容器（P46）に土を入れます。手で軽く押さえ、平らにならします。

土の量 ふちから1㎝くらい下まで。あまり上まで入れると水やりのときに水があふれてしまう。

2 溝を作って、種をまきます

5〜8㎜深さの溝を作ります（割り箸などを使うとやりやすい。P52参照）。種が重ならないよう、1㎝間隔で1粒ずつまきます。溝と溝の間も1㎝あけます。

なぜ？ 種が重なると発芽しにくくなります。

種がかたいので、P69の方法で吸水させてからまくのがおすすめ

土に種をまいて育てる

3 土をかけ、水をやります

溝のまわりの土をつまんで、種に薄くかけます。土を軽く押さえてなじませ、霧吹きで水をたっぷり与えます。乾燥しないように、容器のふた（密閉しないように穴をあける）や新聞紙などで覆います。

💧 水やり　発芽までは、土を乾かさないように。

4 芽が出た！

ほうれんそうの芽は、しゅっとスマート

約7日で発芽します。覆いをとり、明るい場所に置きます。弱々しい芽は抜くか、はさみでカット。この芽もスプラウト（若芽）として食べられます（P65）。

💧 水やり　発芽後は、乾いたらたっぷりと。

5 本葉が育ちます

本葉は丸みがあります。濃い緑の葉が次々に顔を出します

双葉のまん中から、本葉が出てきます。どんどん育ちます。

6 大きな葉から収穫します

葉が3〜4cmになったものから収穫しましょう。外側の大きな葉から摘み、中心の小さな葉を残しておくと、次々に葉が育って長く収穫できます。

🍴 こうやって食べる → P62

55

しゅんぎく

やわらかいベビーリーフ（若葉）で収穫するので
サラダにもぴったりです。
小さくても、しゅんぎくの味がしっかり味わえます。

育てる環境	発芽は18〜23℃。生育温度は15〜20℃。夏の直射日光は避け、室内の明るく、風通しのよい窓辺などで。
発芽までの日数	約7日
収穫開始まで	約40日
種	角張った形の種です
容器	お弁当の容器 15cm×10cm 深さ約5cm

1 土をならします

穴をあけた容器（P46）に土を入れます。手で軽く押さえ、平らにならします。

土の量　ふちから1cmくらい下まで。あまり上まで入れると水やりのときに水があふれてしまう。

2 溝を作って、種をまきます

約1cm深さの溝を作ります（写真のように割り箸を使うとやりやすい）。種が重ならないよう、1cm間隔で1粒ずつまきます。溝と溝の間も1cmあけます。

1粒ずつまくのはちょっとたいへん。でもがんばって！

なぜ？　種が重なると発芽しにくくなります。

土に種をまいて育てる

3
薄く土をかけ、水をやります

しゅんぎくの種は、発芽に光が必要です。溝のまわりの土をつまんで、薄くかけます。土を軽く押さえてなじませ、霧吹きで水をたっぷり与えます。乾燥しないように、容器のふた（密閉しないように穴をあける。しゅんぎくは発芽に光が必要なので透明なものがよい）などで覆います。

💧水やり　発芽までは、土を乾かさないように。

4
芽が出た！

約7日で発芽します。覆いをとり、明るい場所に置きます。弱々しい芽は抜くか、はさみでカット。この芽もスプラウト（若芽）として食べられます（P65）。

💧水やり　発芽後は、乾いたら水やり。

5
本葉が育ちます

> 小さくても、しっかりぎざぎざ

双葉のまん中から、本葉が出てきます。しゅんぎくらしい形の葉です。どんどん育ちます。

🍴 こうやって食べる → P63

6
大きな葉から収穫します

> だんだん葉がかたくなるので、やわらかいうちにどうぞ

葉が3〜4cmになったものから収穫しましょう。収穫は、はさみで葉を切ったり、株ごと切ったり抜いたりしてもOK。

茎の先端の葉　しゅんぎくは茎の先端を摘むと、わき芽がのびます。茎と大きな葉を残すと、新しい芽が育って長く収穫できます。

ラディッシュ

小さくても元気な色とピリッとした味がきいています。
丸かったり長細かったり、いろいろな形でできあがります。
小さな容器に並んで、ぷっくりふくらんでくる姿が楽しい。

育てる環境 ── 発芽は15〜30℃、生育は17〜20℃。
日当たりがよく、風通しのよい窓辺などで。

発芽までの日数 ── 約7日

収穫開始まで ── 約30日

種　　　　　　　容器

こんな小さな　　保存容器
種からスタート　10㎝×16㎝　深さ8㎝

1 土をならします
穴をあけた容器（P46）に土を入れます。手で軽く押さえ、平らにならします。

土の量　ふちから1㎝くらい下まで。あまり上まで入れると水やりのときに水があふれてしまう。

2 種をまきます
約1㎝深さの溝を作ります（割り箸を使うとやりやすい。P52参照）。種が重ならないよう、1㎝間隔で1粒ずつまきます。溝と溝の間も1㎝あけます。

なぜ?　種が重なると発芽しにくくなります。

3 土をかけ、水をやります
溝のまわりの土をつまんで種にかけます。土を軽く押さえてなじませ、霧吹きで水をたっぷり与えます。乾燥しないように、容器のふた（密閉しないように穴をあける）や新聞紙などで覆います。

水やり　発芽までは、土を乾かさないように。

土に種をまいて育てる

4 芽が出た！

約7日で発芽します。覆いをとり、日当たりのよい場所に置いて、たっぷり日光に当てます。力強く大きな双葉が開きます。

水やり 発芽後は、乾いたら水やり。

5 まびきをします

双葉が育って、となりの葉と重なってきたら、早めにまびきます。弱々しい芽や、ひょろひょろと長くのびた芽を選び、全体のバランスも考えて、引き抜くか、はさみでカットします。この芽も、スプラウト（新芽）として食べられます（P65）。

芽を抜くと土が減るので、必ず土をたして根元に土を寄せておきます。

スプラウトでも、ピリッとしたラディッシュの味がします。

6 本葉が育ち、根がふくらみます

双葉のまん中から、本葉が出てきます。やがて、赤い茎の部分がだんだんふくらみます。

ひょろりとした赤い茎だった部分は、ふくらみ始めると、何度も表面が裂けたり割れたり（写真）をくり返して大きくなります。その時期は、あせらず、時間をかけてゆっくり育てましょう。

7 収穫します

品種によって収穫の大きさが違いますが、直径1.5〜2cmがめやすです。

どんな形も育てた人の味。かわいくて食べるのが惜しいくらい。

こうやって食べる → P63

| こうやって食べる

レタス のベビーリーフのかまぼこオードブル

間にはさむものはお好みで。
レタスのシャキッとした歯ごたえが◎

材料（10個分）
かまぼこ … 1本
レタスのベビーリーフ … 適量
A ┌ クリームチーズ … 20g
　├ パセリ（みじん切り）… 少々
　└ ラディッシュ … ½個
B ┌ とりささみ … ½本
　├ マヨネーズ … 大さじ½
　└ 梅干し … 1個

作り方
① かまぼこは8mm厚さに切り、真ん中に切りこみを入れます。
② クリームチーズにパセリを加えて混ぜます。ラディッシュはせん切りにします。ささみは酒と塩各少々（材料外）をふり、電子レンジで1分30秒（500W）加熱します（ラップあり）。細かくさき、マヨネーズを混ぜます。梅干しは種をとり、ほぐして5等分します。
③ かまぼこにベビーリーフをはさみ、AとBの具をそれぞれ5個ずつはさみます。Bの梅干しは上にのせます。

チンゲンサイ のベビーリーフとフルーツのサラダ

株ごと収穫したら形をいかした盛りつけに。
葉を摘んで収穫したら、くだものと混ぜても

材料（2人分）
チンゲンサイのベビーリーフ … 適量
いちご、キウイなど好みのくだもの … 適量
A ┌ プレーンヨーグルト（またはケフィア）… 大さじ3
　├ はちみつ … 小さじ1
　└ 塩・こしょう … 各少々
サラダ油 … 大さじ1

作り方
① くだものは食べやすい大きさに切ります。
② Aは合わせてよく混ぜます。サラダ油を少しずつ加え、よく混ぜて、ドレッシングを作ります。
③ 器に①とベビーリーフを盛りつけ、②のドレッシングをかけます。

土に種をまいて育てる

🍴 こうやって食べる

ルッコラ ＋ クレソンのクリームチーズサラダ

材料（2人分）
レタス … 50g
ルッコラのベビーリーフ … 適量
クレソン … 20g
クリームチーズ … 70g
A［ ワインビネガー … 大さじ½
　　レモン汁 … 大さじ½
　　オリーブ油 … 大さじ1½
　　塩 … 少々 ］

作り方
① レタス、ルッコラ、クレソンは食べやすい大きさにちぎります。
② クリームチーズは1cm角に切ります。
③ Aは合わせます。器に①を盛り、Aをかけて混ぜます。チーズをのせます。

コクのあるクリームチーズと、すっきりしたルッコラのサラダ

たまねぎ ＋ ルッコラ のサラダ

材料（2人分）
たまねぎ … ½個（100g）
ルッコラのベビーリーフ … 適量
ごま油 … 大さじ1
A［ にんにく（みじん切り） … ½片
　　酢 … 大さじ½
　　しょうゆ … 小さじ1
　　砂糖 … 少々 ］

作り方
① たまねぎは薄切りにし、水に2〜3分さらして水気をきります。ルッコラは食べやすい大きさにちぎります。
② Aは合わせます。器に①を盛り、Aをかけます。
③ 小鍋にごま油を温め、あつあつを②にかけます。

ルッコラのごま風味がごま油と相性ぴったり

こうやって食べる

ほうれんそう のベビーリーフの カリカリベーコンサラダ

材料（2人分）
ほうれんそうのベビーリーフ … 適量
ミニトマト … 4個
ベーコン … 1枚

A ┌ しょうゆ … 大さじ1
　├ 酢 … 大さじ1
　├ サラダ油 … 大さじ1
　└ こしょう … 少々

作り方
① ミニトマトは4つに切ります。ベーコンは1cm幅に切ります。
② フライパンにサラダ油少々（材料外）を熱し、ベーコンを入れ、中火でカリカリになるまでいためます。
③ Aは合わせます。器にトマトとほうれんそうを盛り、②をのせます。Aをかけます。

シンプルな味つけでみずみずしい
ほうれんそうの味を引き出します

すくすくコラム

ベビーリーフのサラダをおいしく食べるコツ

せっかく育てたベビーリーフ。おいしく食べたい！
ちょっとしたコツで、しゃきしゃきの歯ざわりを楽しめます

コツ❶ 水に放してパリッとさせる
まずよく洗います。冷水や氷水に2〜3分放してパリッとさせます。

コツ❷ 水気をしっかりきる
ふきんやペーパータオルなどでふんわり包んで振ります。水気が残っていると、ドレッシングが薄くなってしまいます。

土に種をまいて育てる

🍴 こうやって食べる

しゅんぎく の梅干しおすまし

材料（1人分）
しゅんぎくのベビーリーフ … 適量
梅干し … 1個
塩こんぶ … 5g
湯 … 150㎖

作り方
① 梅干しは種を除きます。しゅんぎくは葉を摘みます。
② 器に梅干しとしゅんぎく、塩こんぶを入れ、湯を注ぎます。梅干しをくずすようによく混ぜます。

だしいらずのかんたんおすましに
やわらかいしゅんぎくを浮かべて

ラディッシュ ＋肉みそディップ

材料（2〜3人分）
ラディッシュやスティック野菜 … 適量
豚ひき肉 … 100g
A ┌ しょうが（みじん切り）… 1かけ（10g）
　└ ごま油 … 小さじ1
B ┌ みそ … 大さじ3
　│ 酒 … 大さじ2
　└ みりん・砂糖 … 各大さじ1½
ゆずこしょう（好みで）… 少々

作り方
① 鍋にAとひき肉を入れ、ひき肉がぱらぱらになるまで中火でいためます。
② 火を止め、Bを加えてよく混ぜ合わせます。弱火で4〜5分混ぜながらいため、水分が少なくなったら、火を止めます。好みでゆずこしょうを加えて混ぜます。野菜につけて食べます。

甘からい肉みそ。おつまみとしても活躍しそう

すくすくコラム

スプラウト（若葉）で収穫する

小さな容器＋少しの土＋好みの種 をわーっとまいて、
土を薄くかぶせるだけ。まずは気軽に始めてみては。

穴をあけた小さな容器  → 少しの土  → パラパラと適当に種をまいて土を薄くかける  → 室内に置き、土を乾かさないように水やり

↓

土をぐんぐん押し上げて芽を出すようすは感動的。すくすくかわいい芽がのびて、10日くらいであっという間に収穫できます。室内の明るく風通しのよい場所に置きます。

輸入食品などのおしゃれな容器を使うと見た目も◎

オイルサーディンの空き缶を使いました

気軽に、卵のケースでも

種の種類は、使いみちによって種袋で確認しましょう

種の種類	種袋の表示例	使いみち
薬品（農薬）処理された種	●●1回処理済	× 水でのスプラウト栽培（育て方1） ◎ 土でのスプラウト栽培（上記）や、通常の栽培（育て方3）
薬品処理されていない種	スプラウト専用 無消毒種子	◎ 水でのスプラウト栽培（育て方1） ◎ 土でのスプラウト栽培（上記）や、通常の栽培（育て方3）

種には発芽率をよくする目的などで、表面に薬品（農薬）処理されているものがあります。種袋に表示があるので、上記の表を参考に、目的に応じて選んでください。薬品処理された種を直接口に入れたり、スプラウトやまびきした芽を洗わずに食べることは避けてください。

土に種をまいて育てる

🍴 こうやって食べる

ベビーリーフ収穫の途中で抜いた芽も、同様に使えます。
P13～15の食べ方も参考にしてください。

スプラウト たらこそば

材料（1人分）
そば（乾燥）… 100g
たらこ … 30g
レモン汁 … 小さじ½
スプラウト … 適量
めんつゆ（ストレートタイプ）… 50㎖

作り方
① たらこは皮をとり、レモン汁を合わせます。
② スプラウトは長ければ食べやすい長さに切ります。
③ そばをたっぷりの湯で、表示どおりにゆでます。水でよく洗い、氷水で冷やします。ざるにとって水気をきります。
④ 器にそばを盛り、スプラウトとたらこをのせます。めんつゆをかけます。

さっと収穫して、ぱっと新鮮なひと品のできあがり

かわいいおにぎりに

焼きたらことゆかりをそれぞれ混ぜたごはんを
俵形ににぎります。スプラウトをのせ、
焼きのりで巻きます。

つけ合わせに

ハンバーグやオムレツ、肉や魚のソテーなどに
こんもりとのせて。いろどりにも。

すくすくコラム

観賞用に育ててみよう！

残った野菜から出てくる芽や花は、食べられない場合もあります。
でも、緑の葉やかわいい花は、りっぱな観葉植物。
残ったゆり根も、育てれば花を咲かせます。

ゆり根

1 ゆり根を皿にセット
ゆり根についた、おがくずなどは軽くはらっておきます。水をはった皿などに入れ、室内の明るい場所に置きます。

2 ぐんぐんのびます
3～4週間でぐんぐん茎がのびます。高くなるとバランスが悪くなるので、倒れないように気をつけましょう。

3 土に植えました
土に植えます（P46）。水は乾燥したらたっぷりと。写真は2つに割って植えたもの。

4 ちゃんとゆりの花が咲きました

花が咲いた！
1つにつぼみがつき、咲きました！

すくすくコラム

さといも

南国系観葉植物のよう！

さといもを⅓〜¼サイズくらいに切って、断面を水につけて栽培。20日くらいで、こんな姿に。

にんじん

やわらかな緑が目にやさしい

P38で紹介した、芽が出てきたにんじんを土に植えると、どんどん成長。にんじんのへたからの栄養だけで伸びていきます。

ミント

もちろん、葉も使えます

土に植えたミント（P23）は、葉を少しずつ使っているうちに、花が咲きます。

さつまいも

水がないまま1か月でこんなに

明るい場所に置いておくだけで、芽が出て濃い緑色の葉が出てきます。いも自身の栄養で育つとはいえ、不思議！

こんなときは？ Q&A

Q 弱い光しか入らない場所では育てられないの？

A この本で紹介した野菜のほとんどは育てられます

ラディッシュが育つには強い光が必要ですが、この本で紹介した葉もの類のベビーリーフは、比較的弱い光でも育ちます。ただし、あまり光が不足すると充分成長できないので、できるだけ光が入る場所を探して容器を移動させ、より多くの光に当てるようにしましょう。

Q 蛍光灯の光では育たないの？

A 必要なのは太陽の光です

太陽の光と蛍光灯の光では、明るさだけでなく光の内容（波長）が違います。室内の光の弱さを補うために、蛍光灯は多少の助けにはなりますが、野菜の成長に必要なのは太陽の光です。できるだけ太陽の光が入る場所で育てましょう。

Q 水やりはどうやってやるのがいいの？

A 全体にしっかりいきわたるように

土全体に水がいきわたり、容器の底にあけた穴から水が出てくるまでたっぷりとやります。霧吹きで静かにやさしくやりましょう。特に発芽までは勢いよく水をやると種が流れたり沈んでしまったりします。発芽後は葉にも水をかけると乾燥が防げます。葉がしっかりしたら、じょうろを使ってもOKですが、とてもやわらかい葉を育てるので、葉が倒れたりしないように注意しましょう。

こんなときは？ Q&A

Q 水やりはいつやればいいの？

A 朝8時までがベストです

野菜が成長するためのエネルギーをたくわえるには、光合成がさかんに行われる昼間に、水分や養分が全体にいきわたっていることが大切です。全体にいきわたるには数時間かかるので、早朝のうちに行うのが◎。

Q 発芽率をアップさせるには？

A 種を水にひたしてからまきます

ガーゼやペーパータオルに種を包み、輪ゴムなどでとじて、半日ほど水につけておきます（包んでおかないと、種を拾うのが大変）。こうして、種にゆっくりと水を吸わせてからまくと、発芽率が上がります。保存しておいた種や、冬に種をまく場合には、ぜひこの準備をしてからまくことをおすすめします。

ぬれた種はまきにくいですが、がんばって！

Q 種が残ったらどうしたらいいの？

A 種袋ごと、冷蔵庫で保管します

小さな容器にまく種はほんの少しですが、種袋にはたっぷりの種が入っています。できるだけ1年以内に使いきるよう、時期をずらして次々にまき、いつも新鮮な野菜を収穫しましょう。残った種を保存するときは、種袋の口をしっかり折ってテープなどで止め、食品用の保存袋などに乾燥剤と一緒に入れて冷蔵庫で保存します。発芽率は落ちますが、1年後でも使えます。
（参考：上記の「発芽率をアップさせるには？」）

こんなときは？ Q&A

Q まびきは必要ないの？

A この本では、葉もの類はまびきをしないで育てます

通常、まびきは、野菜が成長するときに必要な空間を確保するために行います。この本では、葉もの類は大きく育つ前の、ベビーリーフ（若葉）の段階で収穫することを目的にしているので、まびきはしません。ただし、育てている間に弱々しい芽が見つかれば、気づいたときに抜いたりカットしましょう。また、どんどん育って、容器が混みあってきたなと思ったら、大きく育った葉から収穫しましょう。こうして少しずつ収穫することで、次に育ってくる葉のためのスペースを確保することになり、長く収穫できます。

Q 鉢底に石は敷かないの？

A 容器が小さいので、通気も水はけも◎！　敷かなくてOK

通常、底の深いプランターや鉢で育てる場合は、底に石を敷いて、水はけや通気をよくします。この本で使う容器は、底が浅いので根の呼吸もしやすく、水はけもよいので、敷かなくてOK。また、小さな容器なので、少しでも土の量を増やしたほうが、成長にプラスになります。

Q 土が減ってきたように見えるのはなぜ？

A 根が土をしっかりつかんできたから。土をたしましょう

植物は、成長していくうちに、根がしっかりと土を抱きかかえます。そのため、容器にふんわりと盛った土だと、土が減ったように見えます。茎がぐらぐらしない程度に土をたしましょう。ただし、茎を埋めようとしてたくさんたす必要はありません。

こんなときは？ Q&A

Q 収穫したあと、土はどうするの？

A 新しい土をたして、また種をまいて使えます

収穫したら、土を容器から出して、古い根をできるだけとり除きます。土の栄養を補うために、新しい土を半分くらい加えれば、同じように使えます。ただし、連続して同じ野菜を育てるのは避けます（連作障害を防ぐため）。

Q 虫を防ぐにはどうしたらいい？

A よく観察して、気づいたときに除きましょう

室内で育てるので、虫の被害は最小限におさえることができます。毎日、野菜のようすをよく見ましょう。葉が虫に食われていたり、アブラムシがいることに早く気づけば、被害も虫も、小さなうちに除けます。小さな容器で育てるので、管理するのも無理がありません。

Q 留守にするときはどうするの？

A 2〜3日ならだいじょうぶです

留守にする直前に、たっぷりと水を与えます。水分の蒸発をおさえるために、容器のふたなどで覆いをします（発芽後の場合は新聞紙、ラップなどでふんわりと）。これで3日くらいは留守をしてもだいじょうぶ。ふたの内側にも、霧吹きなどで水をふきかけておくと、より湿度が保てます。

ベターホーム協会

1963年創立。
「心豊かな質の高い暮らし」を目指し、
家庭料理や暮らしの知恵を、生活者の視点から伝えています。
活動の中心である「ベターホームのお料理教室」は全国18か所で開催。
毎日の食事づくりに役立つ調理の知識や知恵、
健康に暮らすための知識などをわかりやすく教えています。

"今日から育てる" "お部屋で育てる"
キッチン菜園ノート

監修／園芸家　深町貴子（グリーンショップ「GREEN LIFE TAKA」オーナー・東京農業大学短期大学部　非常勤講師）
制作・料理研究／ベターホーム協会
デザイン／新井 崇（cash g.d.）

初版発行2011年11月1日
編集　ベターホーム協会
発行　ベターホーム出版局
〒150-8363
東京都渋谷区渋谷1-15-12
〈編集〉03-3407-0471
〈出版営業〉03-3407-4871
http://www.betterhome.jp

ISBN978-4-904544-21-1
乱丁・落丁はお取り替えします。本書の無断転載を禁じます。
©The Better Home Association,2011,Printed in Japan